Henri SOTTAS

ANCIEN ÉLÈVE DE SAINT-CYR
DIPLÔMÉ DE L'ÉCOLE PRATIQUE DES HAUTES ÉTUDES

ÉTUDE CRITIQUE
SUR UN
ACTE DE VENTE IMMOBILIÈRE
DU TEMPS DES PYRAMIDES

PARIS
LIBRAIRIE PAUL GEUTHNER
13, RUE JACOB, 13

1913

HOMMAGE DE L'AUTEUR

ÉTUDE CRITIQUE

SUR UN

ACTE DE VENTE IMMOBILIÈRE

DU TEMPS DES PYRAMIDES

MACON, PROTAT FRÈRES, IMPRIMEURS.

Henri SOTTAS
ANCIEN ÉLÈVE DE SAINT-CYR
DIPLÔMÉ DE L'ÉCOLE PRATIQUE DES HAUTES ÉTUDES

ÉTUDE CRITIQUE
SUR UN
ACTE DE VENTE IMMOBILIÈRE
DU TEMPS DES PYRAMIDES

PARIS
LIBRAIRIE PAUL GEUTHNER
13, RUE JACOB, 13

1913

ÉTUDE CRITIQUE

SUR UN

ACTE DE VENTE IMMOBILIÈRE

DU TEMPS DES PYRAMIDES

L'inscription qui fait l'objet de cette étude a été découverte à Gizeh en 1910 au cours des fouilles dirigées par M. G. Steindorff; publiée photographiquement, transcrite, traduite et longuement commentée par M. K. Sethe (*Aegyptische Inschrift auf den Kauf eines Hauses aus dem alten Reich*, ap. *Berichte über die Verhandlungen der Kgl. sächs. Ges. d. Wiss. zu Leipzig*, 1911, vol. 63, fasc. 6, p. 135-150). Le récent ouvrage de M. Uvo Hölscher (*das Grabdenkmal des Chephren*, 1912; — de G. Steindorff pour la partie épigraphique) reproduit exactement le travail de M. Sethe, le commentaire excepté. Enfin M. E. Révillout a dans ses *Origines égyptiennes du droit civil romain* [1] (1912, p. 160) donné une version originale très différente de celle du premier éditeur.

Il convient de faire observer tout d'abord que la traduction de Révillout se ressent fortement du défaut d'imprécision qui a tant nui à ce prodigieux travailleur. Chacun étant à même de relever les nombreuses et flagrantes entorses à la lettre du texte qui déparent cette page de l'égyptologue français [2], je prendrai pour base de ce travail critique l'étude de M. Sethe.

1. M. A. Moret a bien voulu me signaler ce passage de l'ouvrage de Révillout.

2. On pourrait trouver dans une réfutation point par point l'occasion

M. Sethe a apporté au déchiffrement de cette inscription difficile par sa concision et son caractère spécial, les ressources de sa vaste érudition et de sa perspicacité proverbiale. Il s'est attaché à éclaircir chacune des difficultés de détail et ses arguments paraissent pour la plupart convaincants. Cependant j'ai éprouvé dès la première lecture l'impression qu'il y avait dans l'ensemble quelque chose de pas entièrement satisfaisant; impression qu'un examen plus attentif n'a fait que renforcer. C'est que dans beaucoup de monuments de l'Ancien Empire la disposition matérielle du texte est à la fois fort ingénieuse et fort recherchée. Les précieux documents de cette époque récemment découverts à Coptos en ont fourni une nouvelle preuve [1]. Or M. Sethe, qui est le plus sûr des éditeurs de textes, me paraît cette fois avoir pris avec l'agencement extérieur des différentes parties de l'inscription des libertés qui n'ont pas contribué à lui donner une vision nette de l'ensemble. Les remarques qui vont suivre ont pour but de concilier dans la mesure de mes moyens ces deux points de vue : correction philologique du détail ; établissement de la suite logique du texte.

Voici d'abord, en français et rendue aussi fidèlement qu'il m'a été possible, la version de M. Sethe [2] :

d'un triomphe facile. J'y répugne d'autant plus que la mort vient d'enlever tout récemment M. Révillout à ses travaux. C'est là un scrupule peut-être peu scientifique, mais que tout le monde comprendra. Je me limiterai donc à l'indispensable.

1. Voir le bel ouvrage de M. R. Weill, *les Décrets royaux de l'Ancien Empire égyptien*. C'est un des grands mérites de l'auteur d'avoir su discerner la succession des divers membres de ses textes, sans que la critique ait eu à y relever d'erreur notable.

2. Voir la planche II qui n'a pas de prétention à l'exactitude du détail. Dans la planche I j'ai conservé la numérotation de M. Sethe pour faciliter la discussion. Une série continue est d'ailleurs impossible à établir pour un texte ainsi disposé.

(1)... [$m\underline{h}n$]k $\acute{S}$ [rf-]K' (2) il dit : « J'ai amené (à moi) cette maison contre rémunération (3) (la recevant) du [1] scribe *Ṯntj*.

(4) J'ai donné pour cela 10 (boisseaux de) gâteaux. Le scellement de possession (?) a été scellé devant l'administration de la ville-de-pyramide « Horizont de Chéops ».

(7) Maçonnerie (?)	1	(Prix :)	(boisseaux	de)	gâteaux	3
(8) Lit	1	»		»	»	4
(9) Revêtement (?)	1	»		»	»	3

Construit	en	pierre
»	»	bois de cèdre de 1re qualité
»	»	bois de sycomore

(le tout)	construit	par (10) des doigts
»	»	sous (11) la direction

nombreux	dans	la	division	de *K'-m-ipw*
de *Ṯntj*	»	»	»	» »

(12) [Il a] dit : « Aussi vrai que le roi vit ; je ferai que ce soit en ordre, que tu en sois content, jusqu'à ce que tout ce qui doit être dans cette maison y soit.

(13) « Tu as entièrement effectué ces paiements sur la « Zuwendung » [2] (14) de la nécropole. Mon bras est rempli. »

(Témoins :) (15) Prêtre funéraire *Ij-n-j*. (16) Prêtre funéraire *S'b-n-j*. (17) Prêtre funéraire *N-'nḫ-ḥr*.

Il y a à opposer à cette version les quatre remarques suivantes :

A) M. Sethe (p. 139, 147) restitue en haut de la ligne 12

1. « Von ». — Les deux mots entre parenthèses sont ajoutés pour les nécessités de la traduction française.

2. J'aurais peur de vérifier pour ce mot technique l'adage : « Traduttore, traditore. »

les mots ḏd[nf] qu'il relie de par les nécessités de l'interprétation au nom Ṯntj cité dans le membre de phrase qui précède : « unter der Leitung des Ṯntj in der Abteilung des K'-m-ipw ». Pareille chose est évidemment impossible et on devrait reconnaître dans K'-m-ipw le sujet de ḏd si l'examen de la photographie n'indiquait clairement que ce verbe doit se joindre immédiatement au nom Ṯntj qui termine la ligne 3 et se trouve juste au-dessus[1]. Le lapicide a même prolongé vers le haut le trait qui limite le champ à gauche pour bien montrer au lecteur la marche à suivre. Ainsi, selon un usage qui n'est pas sans exemple et qui devient même fréquent sous la XIe dynastie[2], le nom et le titre jouent ici en même temps le rôle de complément dans la phrase précédente et de sujet (hervorgehoben) dans celle qui suit.

La modification proposée n'influe guère sur le sens ; elle a cependant une importance qui apparaîtra mieux plus loin. En tout cas la restitution ḏd[nf] est à rectifier en ḏd[f]. Outre que la première leçon serait anormale, il suffit de comparer l'espace disponible avec le groupe qui commence la ligne 2 pour constater qu'il y a peu de place pour *n*. Je crois même distinguer sur la photographie la très vague silhouette du « céraste » qui interdirait absolument l'introduction d'un signe au-dessus.

B) M. Sethe (p. 136, 137, 139, 144) s'efforce de démontrer que les lignes 10 et 11 dépendent de *ḳdtj m*. Il y a à cela plusieurs objections :

1° Irrégularité flagrante de la disposition matérielle. *Ḳdtj m* commande visiblement les trois petites colonnes de droite et

1. M. le Prof. Sethe à qui j'ai communiqué cette remarque a bien voulu lui donner son approbation.

2. Deux exemples entre autres : *Louvre* C. 14 ; *Brit. Mus. St.* I, 55, 7.

non pas celle de gauche, à plus forte raison les signes placés presque immédiatement sous le cartouche.

2° Sens différents à attribuer à l'expression *ḳdtj m* : « gebaut aus ; gebaut von ; gebaut unter ». Je ne me hasarderai pas à contester les deux dernières nuances adoptées pour *m*. M. Sethe a certainement sur ce point des éléments d'information supérieurs à ceux dont je dispose. Je trouve simplement peu admissible qu'une même locution serve ainsi à plusieurs fins, sans même être répétée.

3° Étrangeté de l'expression « construit par des doigts nombreux » appliquée en même temps au « lit » et à la « maçonnerie ».

4° Introduction d'une réflexion superflue dans un texte où le rédacteur ne se perd pas en vains discours; d'une sorte de réclame pour la marchandise qui serait en tout cas mieux placée dans la bouche du vendeur que dans celle de l'acheteur.

Or il est un moyen fort simple d'éviter ces difficultés, c'est de rétablir la suite du texte ainsi : *Ḫtm r ḫtm ḫt m b'ḥ ḏ'ḏ't nt i'ḫwt Ḫwfw mtr 'š' ḫt šsm Ṯntj s' K'-m-ipw*. — « Scellé au sceau de propriété en présence de l'administration de la ville funéraire « Horizont de Chéops » et de nombreux témoins dans le service de *Ṯntj* et la « guilde » de *K'-m-ipw*. »

Je lis donc les deux premiers signes de la ligne 10 non *ḏb'wj*, mais *mtr*. Je n'ai pas d'exemples à citer d'une orthographe ainsi abrégée sous l'Ancien Empire; mais elle est normale dans la « langue classique » [1]. D'ailleurs, régulière ou non, on peut l'envisager comme une de ces abréviations [2] que nous nous permettons nous-mêmes quand le sens est parfaitement clair. Et c'est ici le cas, ce me semble [3].

1. Erman, *Gramm.*[3], p. 294.

2. Il faut remarquer que dans cette fin de phrase, tout est abrégé. *Šsm* est écrit par un « Wortzeichen » et *Ṯntj* a perdu son déterminatif.

3. M. Moret, à qui j'ai communiqué ce résultat, m'a signalé alors la

J'entends la préposition *ḫt* dans le sens fourni par M. Sethe (« in » ou « aus »; p. 145). J'adopte pour *šsm* la signification « Dienst » avec la nuance indiquée par M. Sethe dans son *Einsetzung des Veziers*, p. 59.

Ainsi est satisfaite, je l'espère, la philologie. La disposition du texte est-elle favorable ou non à ma thèse?

Tout d'abord l'interruption de la ligne 11 par la série horizontale *ḫt s'* constitue une complication inutile et un empiétement évident des scrupules grammaticaux sur les autres modes de recherche.

On peut ici faire une remarque toute semblable à celle de A. Un examen attentif montre en effet que le lapicide a disposé son texte de manière que *mtr*, aussi bien que *ḏ' ḏ' t*, dépendît immédiatement de *m ḅ' ḥ*, la préposition étant comme « en accolade ». C'est peut-être pour cette raison qu'il a laissé en blanc l'espace vide sous *m ḅ' ḥ* qu'il aurait pu remplir soit avec les premiers signes de *ḏ' ḏ' t*, soit avec la partie phonétique de *mtr* [1].

On s'explique dès lors la disposition anormale en apparence des lignes 10 et 11 et leur resserrement causé par l'épanouis-

traduction de Révillout qui proposait déjà le sens « témoins nombreux ». Cette juste induction est malheureusement environnée d'un contexte fantaisiste bien fait pour en ruiner la vraisemblance. L'inanité des lectures de Révillout saute aux yeux. J'ai adopté sans aucune correction le texte de Sethe qui a disposé, outre la photographie, d'une copie de G. Steindorff et d'une collation de L. Borchardt. Ainsi, maximum de sécurité.

1. J'ai trouvé après coup l'entière confirmation des déductions précédentes dans le Papyrus 9784 de Berlin (publié par A. Gardiner, *Four papyri of the 18th Dynasty from Kahun*, ap. *Ä. Z.*, 43, 28-31), où l'expression « en présence de nombreux témoins » revient à trois reprises (l. 10 ; 17-18 ; 27-28 ; — dans ce dernier exemple, la préposition est *ḫft-ḥr*, dans les deux autres *m b'ḥ*). L'orthographe de *mtr* y est développée, ainsi qu'il convient à un papyrus, mais on retrouve comme ici l'inversion caractéristique des deux déterminatifs.

sement de la ligne 4 en un tableau à trois colonnes. Tout cela est voulu et fort bien calculé.

Il résulte des remarques A et B que les colonnes 5, 6, 10, 11, qui logiquement ne sont prononcées par aucun des deux contractants, se trouvent rejetées à la suite de leurs deux discours, ce qui est d'ailleurs la place normale d'une mention d'enregistrement. Cela peut paraître étonnant au premier coup d'œil, mais il faut tenir compte de ce fait que le retour d'équerre contenant une partie du discours du vendeur a pour principale raison d'être de placer le quitus au-dessous du détail des paiements [1].

L'ordre des lignes que je propose est indiqué par le tableau ci-joint :

1
2
3

4 — 12

7 8 9 — 13

5

6 10
11

14 15 16 17

C) Il paraît, a priori, peu vraisemblable que la ligne 14, enfermée dans le cadre inférieur, doive être reliée à la ligne 13

1. M. Sethe a déjà fait cette remarque (p. 148). — On peut aussi se demander si un trait horizontal limitant les lignes 5 et 6 n'a pas été enlevé par la cassure. Examinant les abouts supérieurs des traits verticaux, je crois peu à cette hypothèse et n'en tire pas argument.

placée au-dessus, alors qu'on y peut parfaitement lire : « l'ouvrier de la nécropole (*ẖrtj-nṯr*) *Mḥ-ʿ* », et que ce nom se retrouve, presque avec la même orthographe, dans LIEBLEIN [1]. En outre, la minutie et l'habileté constatées chez le graveur quant à l'agencement du texte ne permettent pas d'accepter sans scrupules l'espèce d'enjambement que comporte en cet endroit la version de M. SETHE. Enfin le lecteur qui se sera rendu aux raisons qui ont conduit à établir le tableau ci-dessus pourra constater combien les lignes 13 et 14 y sont distantes l'une de l'autre.

Les arguments philologiques de M. SETHE tendant à faire de *m wḏb ẖrt-nṯr* une expression inséparable seront examinés plus loin. Il convient de remarquer ici que si l'on admet, sur certains points, comme M. SETHE (p. 140), la ressemblance avec les contrats de basse époque, ceux-ci portent comme formule d'acquit, non : « ma main est remplie », mais : « mon cœur est satisfait » [2].

D) Un détail de vocabulaire m'a, à tort ou à raison, un peu étonné sous la plume de M. SETHE. C'est l'identification de *inj* avec *inr*. L'auteur cite (p. 143) des formes *in(r)* pour l'Ancien Empire et renvoie à des exemples réunis par lui d'écritures *inr* ou *in(r)* par le poisson qui ne sont pas antérieures à la XIXe dynastie. Quant à une forme *inj* il semble qu'on la chercherait en vain et pour un mot aussi fréquent il y a là matière à hésitation. Or on peut relever au *Pap. Ebers* des noms de denrées *inj* ou *injt* ainsi écrits [3]. Je me garde

1. *Dictionnaire des noms*, n° 2008. La date n'est pas indiquée, mais est certainement postérieure à l'Ancien Empire.

2. RÉVILLOUT, *Précis du droit*, p. 260 et passim.

3. Cf. dans un tombeau d'Éléphantine : *injt* avec le poisson (DE MORGAN, *Catalogue des Monuments*, I, 183. Sésostris Ier). — *Inj* écrit par le même syllabique apparaît quelquefois comme nom propre de femme ;

bien de proposer une identification chanceuse, mais on signalerait un jour une essence d'arbre *inj* que je n'en serais pas autrement surpris.

L'adoption du sens « pierre » est donnée comme une hypothèse reposant sur le contexte. Elle est dangereuse, car elle influe fortement, quoi qu'on en ait, sur la signification à donner à ce contexte, lequel précisément est peu clair. Le fait est assez rare pour être relevé : la méthode suivie ici par M. SETHE me paraît peu à recommander.

Si nous recherchons quelle influence ont les quatre remarques ci-dessus sur le sens général, nous constatons qu'il découle de B que :

1° Il n'est plus nécessaire de faire du scribe *Ṯntj* un entrepreneur de travaux.

2° Il est vraisemblable que l'acheteur faisait partie de la « guilde » de *K'-m-ipw*, à moins qu'il ne fût — le parallélisme semble l'indiquer — *K'-m-ipw* lui-même, le nom à demi conservé à la ligne 1 pouvant être celui de son père.

Je crois qu'on peut dès maintenant traduire sans difficulté en laissant de côté les deux passages les plus délicats :

1. . . . . . ὁ δεῖνα dit : « Je prends [1] cette maison contre rémunération au scribe *Ṯntj* et je donne pour elle 10 (mesures de) gâteaux. » — (Tableau.)

Ex. : FL. PETRIE, *Dendereh*, pl. 7 (VIe dyn.) ; F. GRIFFITH, *Hieratic Papyri from Kahun and Gurob*, pl. 10, 8 (XIIIe dyn.). — Au dernier moment je note une excellente référence pour *inj*, nom de plante, dans le *Dictionnaire* de BRUGSCH (*Suppl.* 90), où je n'aurais pas cru la trouver, ne pensant pas que M. SETHE eût passé outre à un bon exemple pour proposer une identification douteuse. Le passage du *Pap. Prisse*, 18, 8 ne comporte aucune donnée sur la nature du végétal. Mais, si l'on admet la relation suggérée par BRUGSCH avec *injw*, on voit que notre plante fournissait un bois qui se pouvait sculpter.

1. Il n'est pas indispensable de lire ici *inj-n-j*. Quant à *rdj-n-(j)*, j'y vois le cas du § 310 de la *Gramm.*[3].

II. Le scribe *Ṯntj* dit : .....

III. Scellé au sceau d'appartenance [1], en présence de l'administration de la ville funéraire « Horizont de Chéops » et en présence de nombreux témoins appartenant au service de *Ṯntj* et à la « guilde » de *K'-m-ipw*.

IV. 4 signatures [2].

Le tableau en trois colonnes est fort délicat à expliquer. Il n'y a de sûr que *'ṯt* « lit » [3] ; *š't* « gâteau » ; *'š tp* « cèdre de première qualité » ; *nḥwt* « sycomore » et *ḳdtj m* « fabriqué en » [4]. Le reste est pure conjecture.

L'identification proposée pour le premier signe du tableau que j'appellerai XXXX repose d'une part sur le sens « pierre » adopté pour *inj* (« soubassement ») ; d'une part sur l'idée d'un objet quatre fois répété (« quatre murs »). Il est bien peu vraisemblable qu'un membre d'architecture aussi complexe, même résumé dans un terme comme « maçonnerie », puisse figurer dans un décompte pour une unité. Il est étrange aussi qu'on cite le lit à côté des « quatre murs » et qu'il coûte plus cher qu'eux. Enfin à quoi répond l'évaluation à part de chacune des parties de la maison [5] ?

1. Sens approximatif. Peut-être plus simplement « sceau officiel ».

2. Celles de plusieurs témoins très probablement. Au Papyrus 9784 de Berlin la mention « en présence de nombreux témoins » est chaque fois suivie de quelques noms (6 seulement dans un cas). Cette ressemblance justifie une fois de plus l'ordre des lignes adopté ici.

3. Sur ce mot voir H. Brugsch, *Dict. Hiér.*, 24 ; *Suppl.*, 26 ; K. Baedekfr, *Égypte*[3], 150. Ces références seraient inutiles si Révillout n'avait traduit par *toiture (en berceau)* !

4. Il est imprudent de s'en tenir au sens étroit « construire », puisque ce verbe s'entend de la fabrication de meubles en bois et aussi du modelage des hommes par le démiurge (A. Gardiner, *Admonitions*, 24).

5. Le souci de la vraisemblance semble avoir amené peu à peu M. Sethe à transformer son acte de vente en un devis d'entrepreneur. Le montant en aurait été alors payé d'avance ou en cours de travaux. Imprudent acheteur.

Il n'est pas impossible d'éluder ces difficultés, si l'on imagine que les objets valant respectivement 3, 4 et 3 *š't* sont ceux que l'acheteur a donnés en échange de son acquisition. Nous aurions ainsi probablement trois meubles dont je m'abstiendrai de poursuivre l'identification [1], n'ayant guère de moyens pour cette recherche.

Je traduis donc ainsi les lignes 7 à 9.

1 objet XXXX d'une valeur de 3 *š't*
1 objet *'ṯt* » » » 4 »
1 objet XX » » » 3 »

Fabriqué en matière *inj*
» » cèdre de 1re qualité
» » sycomore.

Étant données les lois économiques régnant dans un pays sans numéraire comme l'Égypte de cette époque on ne doit pas s'étonner de voir des rations de denrées alimentaires servir de base aux échanges [2]. Il est à peu près certain, ainsi

1. On pourrait peut-être penser pour XXXX à ces signes quadruples qui figurent sur certains sarcophages et qui ne sont pas des étoffes ; ou encore aux coffres destinés à renfermer les étoffes ainsi représentées. Cf. le sarcophage de la VIe dyn. publié par Fl. Petrie (*Dendereh*, pl. 3). La lecture *ifd*, que la forme de XXXX a suggérée à M. Sethe, ne serait pas pour infirmer cette supposition puisque *ifdj* désigne une étoffe et *ifd* (non *'fd*) un coffre. Resterait à expliquer XX, signe pour lequel je préférerais bien des identifications à une de celles proposées par M. Sethe : « toit et supports ».

2. Sur ce mode d'évaluation, cf. Erman, *Aegypten*, 656 sq. On doit placer le début du décompte en *dbn* de métal sous le Nouvel Empire (*ib.* 657), au plus tôt sous le Moyen (O. Neurath, *Antike Wirtschaftsgeschichte*, 11; comme « Tauschmass » plutôt que comme « Tauschmittel »). Je ne crois pas que M. Maspero (*Histoire*, I, 323) s'appuie sur un fait précis quand il interprète comme des boîtes à *dbn* les coffrets à claire-

que l'affirme M. Sethe, que 10 *š't* ne représentent pas le prix de la maison. Deux hypothèses sont possibles : 1° il y a une mesure sous-entendue comme M. Sethe l'a relevé dans les contrats postérieurs, surtout démotiques ; 2° il s'agit d'une rente de 10 gâteaux, soit perpétuelle (ce que nous savons n'être pas anormal grâce aux inscriptions funéraires), soit limitée à une période donnée, trop connue pour qu'il soit besoin d'en faire mention. De toute manière un au moins des contractants avait intérêt à voir modifier le mode de paiement. Dans le premier cas, que pouvait faire le vendeur d'une provision de gâteaux représentant la valeur d'un immeuble ? Dans le second on évitait par là une comptabilité fastidieuse et des difficultés certaines pour l'avenir.

Il faut dire un mot de la version de Révillout qui, par sa connaissance des nombreux contrats de basse époque, aurait pu prétendre ici à une compétence spéciale. Il traduisait :

1° « 4 perches de terre (*seteb-to*) (contre) 3 vergers pour la construction en pierre (de la maison).

voie figurant dans les scènes de marché de l'Ancien Empire (L., *D.*, II, 96 ; cf. J. Capart, *Une Rue de Tombeaux*, pl. 31 sq.). Nous avons donc ici l'entière justification des suggestifs rapprochements indiqués il y a trente ans par M. Erman touchant l'estimation des objets d'échange en quantités d'une tierce denrée. Notre petit monument fournit ainsi LA DONNÉE PRÉCISE LA PLUS ANCIENNE SUR LES ORIGINES DE LA MONNAIE. Il est fort possible que nous ayons un décompte global en *š't* dans la mention mal conservée au verso du registre de comptabilité de la cour du roi *Issj* (L. Borchardt, *Festschrift für G. Ebers*, p. 10, n. 2) : « 2e mois de l'été — ce qui existe en ...... — *š't* .... — (un nombre). » — Doit-on voir un dérivé abstrait du même mot dans le terme *š'jt* qui figure dans un compte mutilé du temps de Séti II (F. Griffith, *Hieratic Papyri from Kahun and Gurob*, pl. 40, 23) ? — Au dernier moment je m'aperçois que la lecture *š'tj* a été relevée *une fois* (au Papyrus Rhind ; cf. Gardiner, *Ä. Z.*, 43, 47) pour la « bague » de métal qui est un sous-multiple du *dbn*. Je signale le rapprochement possible sans en tirer de conclusion.

2° « La toiture (en berceau) payée 4 vergers et faite en bois *ash*.

3° « 2 perches de terre (contre) 3 vergers pour les sycomores (le petit jardin). »

Même si l'on méconnaît la position « en accolade » de *ḳdtj m*, *ḳd* ne peut vouloir dire « pour la construction », ni *m nḥwt* « pour les sycomores ». Il n'en faut pas davantage pour ruiner l'ensemble. Quant à la traduction « verger » elle repose uniquement sur la forme du déterminatif et sur des analogies plus ou moins arbitrairement admises.

Reste le discours du vendeur qui n'est pas sans présenter quelque difficulté. Je l'entends ainsi :

« Il dit : « Par la vie du roi ! je donnerai [1] ce qui est juste. Tu seras satisfait de ceci quant à l'existence de tout le contenu de cette maison. Tu as entièrement effectué ces paiements par virement. »

Cette version diffère de celle de M. Sethe sur trois points :

1° Le sens de *wn m*''. L'expression complexe qui a fini par devenir un substantif [2] n'apparaît pas sous l'Ancien Empire [3], mais on la trouve dans cet emploi dès la XIe dynastie [4]. Un exemple comme celui-ci, qui n'est pas forcément tout à fait voisin de la IVe dynastie, explique assez bien la formation du mot composé.

2° Je ne vois plus guère le moyen de conserver à *r ḫpr* son sens « temporal » et même futur. Il n'est plus question de maison en cours de construction. Supposer qu'elle ne soit pas

1. La portée de ce futur ne dépasse pas dans ma pensée le terme de la prise de possession par l'acheteur.

2. Erman, *Gramm.* [3], § 187.

3. Communication de M. Sethe.

4. *Br. Mus. St.* I, 49,4. Une variante de la même expression apparaît à la VIe dyn. sous la forme simple *m*'' (*ib.* 33).

entièrement agencée est une complication inutile et peu vraisemblable. La rencontre de *r* et de *ḫpr* peut très bien être fortuite, *r* étant pris dons son sens « in Betreff » [1] devant l'infinitif nominal « exister, existence » suivi d'un génitif.

3° M. SETHE paraît tenir beaucoup à faire suivre d'un complément l'expression *m wḏb* [2]. Aussi n'a-t-il pas hésité à briser le cadre qui renferme les quatre signatures. Peut-être M. SETHE possède-t-il des références en plus des deux exemples qu'il utilise, mais il ne m'apparaît pas que la juxtaposition de la préposition *m* et d'un substantif (ou d'un verbe) constitue forcément une locution toute faite au sens invariable. Je n'en veux pour témoignage que celui de M. SETHE lui-même qui, nous l'avons vu, attribue à *kdtj m* dans la même phrase trois sens assez divergents. Quant au complément il est dans chacun des deux passages de nature différente : « *m wḏb* de pains divers » (*Urkunden*, I, 37) ; « *m wḏb* de ce temple » (*Urkunden*, I, 119). En outre dans les deux cas le génitif est introduit par *n*. Il serait singulier qu'ici où une confusion était presque fatale on ait précisément supprimé cette marque de dépendance. Enfin je ne sais si nous sommes autorisés à considérer la nécropole dans son ensemble comme une « personne civile » possédant des revenus spéciaux. Je crois donc que la phrase finit avec *wḏb*. Quant au sens de ce mot, je ne prétends pas le rendre exactement par un de ces termes techniques dont la compréhension complète exige un long commentaire. Car où en prendre les éléments, alors que nous ignorons à peu près tout des conditions d'échange de cette période reculée? Je crois que des approximations suffisantes sont fournies par

1. ERMAN, *Gramm.* ³, § 446 i.

2. Si cette exigence paraissait justifiée on pourrait toujours y satisfaire en introduisant l'affixe de la 1re pers. sing. et en nuançant la préposition *m* de façon appropriée.

« Umwendung, Zuwendung » que propose M. SETHE ; en français « virement, détournement » ou tout autre mot impliquant qu'une personne ou une chose va vers une autre en se détournant [1] de son but primitif. Le terme s'entendrait aussi des objets ainsi « détournés » et conviendrait assez bien à l'ensemble des passages cités [2]. Ici, tout en me gardant de trop préciser, je crois voir dans *wḏb* une allusion au fait que le paiement a été effectué en une fois [3], ou plutôt qu'il y a eu substitution d'objets agréés par le vendeur aux produits *šʿt* servant d'étalon pour les transactions de ce genre.

Voici donc la traduction d'ensemble que je propose [4] :

I. ... ὁ δεῖνα dit : « Je prends cette maison contre rémunération au scribe *Ṯntj* et je donne pour elle 10 (mesures de) [5] gâteaux, (soit): 1 objet XXXX (d'une valeur de) 3 (mesures de) gâteaux et fabriqué en matière *inj* ; — 1 lit (d'une valeur de) 4 (mesures de) gâteaux et fabriqué en cèdre de première qualité ; — 1 objet XX (d'une valeur de) 3 (mesures de) gâteaux et fabriqué en sycomore. »

II. Le scribe *Ṯntj* dit : « Par la vie du roi ! Je donnerai ce qui est juste. Tu seras satisfait de ceci quant à l'existence de tout le contenu de cette maison. — Tu as entièrement effectué ces paiements par virement. »

III. Scellé au « sceau d'appartenance » en présence de l'admi-

1. Remarquer le déterminatif des idées d'éloignement dans l'exemple *Pyr.* 808 a (*N.*).

2. Peut-être y aurait-il un rapprochement à faire entre le sens de *wḏb* et l'opération que M. O. NEURATH, dans son excellent résumé, appelle « Giroverkehr in Naturalien » (*Antike Wirtschaftsgeschichte*, 9).

3. Sur *mḥ* dans le sens de verser le complément d'une somme en partie payée, cf. RÉVILLOUT, *Précis du Droit*, 114 ; GARDINER, *Ä. Z.*, 43, 34, 26.

4. Pour l'ordre des lignes, se reporter au tableau ci-dessus.

5. Ou peut-être : une rente de 10 gâteaux.

nistration de la ville funéraire « Horizont de Chéops » et de nombreux témoins appartenant tant au service de *Ṯntj* qu'à la « guilde » de *K'-m-ipw.*

IV. (Signatures.) L'ouvrier de la nécropole *Mḥ-'*; — le prêtre de *K' Ij-n-j*; — le prêtre de *K' Ś' b-n-j*; — le prêtre de *K' N-'nḫ-ḥr* [1].

Il reste, comme je l'ai dit déjà, dans cette traduction, deux parties assez incertaines : le tableau en trois colonnes et le discours du scribe. L'interprétation en repose sur des nuances assez ténues et des modifications sensibles peuvent être nécessitées par des données plus précises obtenues sur le sens des mots laissés dans le vague : *inj*, *wḏb* et les groupes mystérieux XXXX et XX. Il serait souhaitable qu'un des savants qui disposent de l'admirable collection lexicographique de Berlin voulût bien s'employer à la recherche de leur identification.

Le lecteur me reprochera peut-être d'avoir trop prolongé cette discussion. Mon excuse est dans l'intérêt exceptionnel que présente le petit monument de Gizeh. Et puis les arguments de M. Sethe ont une telle autorité qu'à les contredire aucun soin n'est superflu. Mon rôle s'est d'ailleurs borné à imiter les procédés de critique de M. Sethe en les appliquant

1. Ainsi entendu le document devient, comme on voit, d'une extrême clarté qui fait vraiment honneur à l'esprit pratique des Égyptiens de cette époque reculée. Dans le même ordre d'idées et pour des temps moins anciens on peut citer comme modèles de précision le bail à loyer en grec *Oxyrhynchos Papyri*, III, 502 et la vente de propriété en copte *Ä. Z.*, 29, 8-16. Remarquer dans ce dernier acte, publié par G. Steindorff, l'importance accordée aux témoins (pp. 11, 15, 16) ; le serment du vendeur (p. 14) ; la mention du paiement effectué (pp. 13, 14). Dans les papyrus grecs des formules comme κυρία ἡ μίσθωσις ou ἡ διαθήκη κυρία rappellent la formalité du scellement devant l'administration. En raison de l'intervalle plusieurs fois millénaire je donne ces rapprochements pour ce qu'ils valent.

tant bien que mal aux passages de son article où il m'est apparu comme s'étant un peu départi du rigorisme qui lui fournit à l'ordinaire de si féconds et si probants résultats.

Et pour terminer qu'une réflexion un peu générale soit permise à un presque débutant qui, hier encore, en était quant au choix d'une méthode à l'état d'esprit passager du héros dans l'allégorie de PRODICOS. M. SETHE a insisté dernièrement sur la nécessité d'appliquer au déchiffrement les règles strictes de la langue. Je suis loin d'y contredire et je m'efforce autant que faire se peut de m'assimiler les résultats magnifiques conquis à la science par l'école dont M. SETHE est un des glorieux représentants. Je crois cependant que la bonne vieille méthode n'a pas perdu ses droits, qui, contrainte à traiter le détail un peu par approximation, s'attachait avant tout à obtenir pour l'ensemble le sens le plus satisfaisant. Réduite à ses seuls moyens, il lui arrivait souvent de s'égarer. Mais aujourd'hui encore elle peut rendre les plus grands services comme mode de contrôle des données plus solides de la philologie basée sur la statistique. Quel que soit l'objet de la recherche, une garantie de réussite est dans le juste équilibre maintenu entre analyse et synthèse.

Paris, le 22 janvier 1913.

MACON, PROTAT FRÈRES, IMPRIMEURS

PL. I

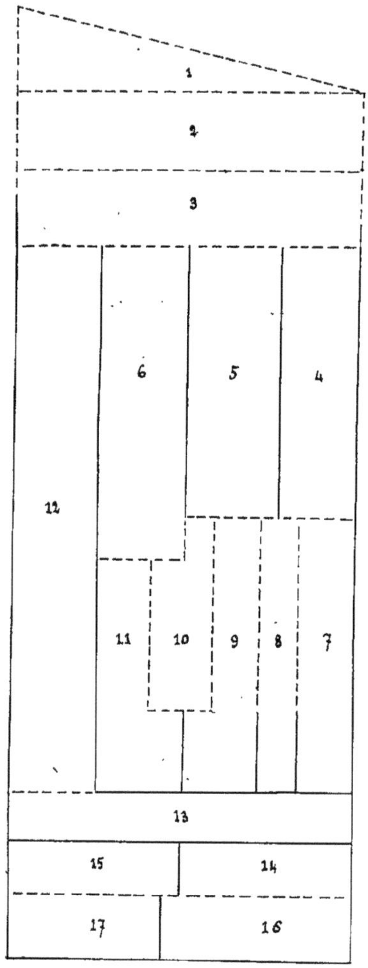

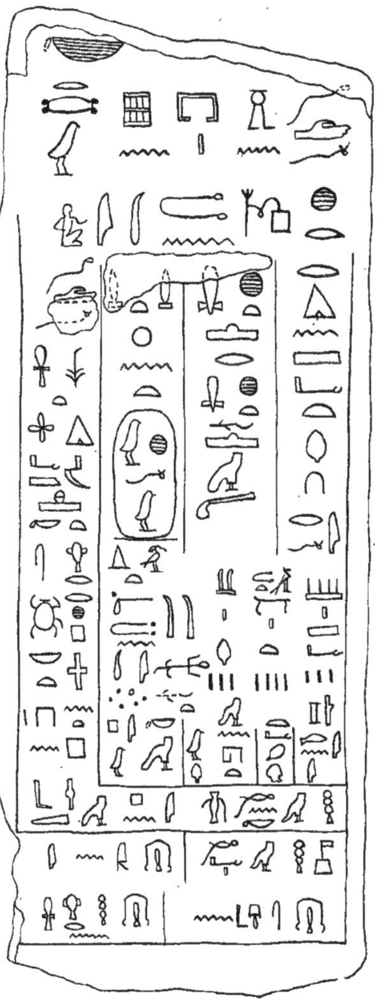

MACON, PROTAT FRÈRES, IMPRIMEURS.

www.ingramcontent.com/pod-product-compliance
Ingram Content Group UK Ltd.
Pitfield, Milton Keynes, MK11 3LW, UK
UKHW032032260826
14628UKWH00006B/2890

9 782019 645595